Judith Allert

Anne-Kathrin Behl

Das WILDE WIESENGEWUSEL

CARLSEN

Vorsichtig reckt Lilly, die Maus, ihre Schnauze aus der Höhle.
Ihre Schnurrhaare zittern vor Aufregung.
»Na? Uuund? Was riechste?«, fragt Mistkäfer Kalle und lugt an ihr vorbei.
»Den Frühling! Eindeutig!« Mit einem Freudenhopser landet Lilly auf der Wiese. Kalle krabbelt hinterher.

»Na endlich!«, seufzt er. »Ich dachte schon, der olle Winter geht nie vorbei!«
»Da – puh – seid ihr – huch – ja«, ruft Pepe ihnen keuchend zu. Der Eidechserich macht gerade Kniebeugen und Liegestütze. Nach der langen Winterruhe muss Pepe erst mal wieder warm werden.
»Und jetzt ein ausgiebiges Frühstück!« Vorfreudig wackelt Kalle mit den Fühlern. »Ich hab solchen Hunger auf ’ne ordentliche Portion Mist!«

Lilly nascht vom Löwenzahn und von den Gänseblümchen, Pepe schnappt nach Fliegen und Kalle knabbert genüsslich an knusprigen Kaninchenkötteln.
»He, guckt mal!«, ruft er auf einmal.
»Oh, wie wunderbar«, staunt auch Pepe. Vor ihnen im Gras liegt ein Ei. Aber was für eins! Es ist ganz schön groß und kunterbunt!

Vorsichtig klopft Lilly gegen die Schale. »Ist da jemand?«
»Nix zu hören«, flüstert Kalle.
Pepe schlägt nachdenklich mit dem Schwanz hin und her.
»Jedes Ei braucht einen, der es ausbrütet!«, verkündet er. »Entweder einen weichen Po oder die warme Sonne. Sonst geht es kaputt!«
»Wir müssen sofort rausfinden, wem es gehört«, ruft Lilly.
»Hm, also ich kenne da ein paar, die gerade ihre Eier legen«, meint Kalle.
»Aber nicht hier, sondern …« Er deutet mit seinen Fühlern nach unten. »… da!«

Durch Lillys Mauseloch steigen die Freunde unter die Erde. Das kunterbunte Ei rollen sie vorsichtig, über Wurzeln und Steine hinweg, vor sich her.
»Puh. Ganz schön schwer!«, schnauft Kalle.
»Ojemine!«, erklingt es da.
Pepe ist über etwas gestolpert. Es ist das Haus von Frau Schnecke!
»Lang-saaaam, lang-saaam, jaaaa?«, mahnt die freundlich.
Sie und die Tausendfüßlerdame kümmern sich hier in der Höhle um ihre frisch gelegten Eier.

»He, ihr! Hat das vielleicht eine von euch verloren?«, fragt Kalle und deutet auf das bunte Ei.
Die Tausendfüßlerdame kringelt sich vor Lachen. »Das sieht aber lustig aus. Meine Eier sind ganz anders. Schaut!«
Frau Schnecke schüttelt langsam, ganz, ganz langsam, ihren Kopf.
»Noch – nie – ge – sehn – so – was!«, stößt sie Silbe für Silbe hervor.
Auch ihre Eier sind viel kleiner.

Die drei Freunde klettern zurück ans Tageslicht und rollen das bunte Ei weiter über die Wiese, vorbei an kleinen Ästen, Moos und verdorrten Pflanzenresten. Aufgeregt sind sie jetzt schon. So weit weg von zu Hause waren sie noch nie!
»Wasssss macht ihr denn hier, ihr Sssssssüßen?«, zischt es da. Kalle fällt vor Schreck auf den Rücken und zappelt mit den Beinen. Pepe verpasst ihm einen Stups – da kann Kalle wieder krabbeln.

Die Ringelnatter kriecht aus dem Gebüsch. Lilly nimmt allen Mut zusammen und kugelt ihr das Ei vor die Nase: »Ist das vielleicht deins?«, piepst sie. Die Ringelnatter schüttelt den Kopf. »Ich lege meine Eier erst im Sommer.« Ihr Nachbar, der dicke grüne Frosch, bläst die Backen auf: »Meins ist es auch nicht!«, quakt er und zeigt den Freunden seinen Froschlaich, der in einem kleinen Tümpel schwimmt.

»Ssssseht doch mal, da drüben!«, zischt auf einmal die Ringelnatter.
Ein Stück weiter im Gras liegt ein riesiges Nest.
Kalle, Pepe und Lilly flitzen sofort hin und der Mistkäfer krabbelt hinein.
»Ich glaube, hier sind wir richtig!«, ruft er.
Doch plötzlich erscheint über ihm ein dunkler Schatten. Kalle duckt sich – aber da landet schon etwas Warmes, Weiches auf seinem Rücken.

Es ist die Uferschnepfe! Genauer gesagt ihr gefiedertes Hinterteil.
»Wer bist du denn?«, staunt sie, als sie Kalle unter ihrem Po entdeckt.
Kalle stellt sich und seine Freunde vor und Pepe deutet auf das bunte Ei:
»Wir dachten, das könnte vielleicht deins sein!«
»Leider nicht«, sagt sie.

»Und jetzt?«, fragt Lilly.
Die Uferschnepfe flattert mit den Flügeln, hebt vom Boden ab und deutet mit dem Schnabel in die Luft. »Fragt doch mal dort oben nach!«

Leider kann von den drei Freunden nur Kalle fliegen. Und das auch mehr schlecht als recht – und schon gar nicht mit einem Ei im Gepäck!

»Wir müssen klettern«, sagt Lilly. Sie krallt sich an einem Grashalm fest.

Aber der knickt einfach um und Lilly purzelt auf den Boden.

»Wie wäre es mit einer Räuberleiter?«, schlägt Pepe vor.

Schon klettert er auf Lilly und Kalle kraxelt der Maus auf die Schultern.

Der Käfer reckt und streckt sich – bis er mal wieder auf dem Rücken landet.

Alles gerät ins Wackeln und Lilly und Pepe kullern hinterher.

»Wir sind zu klein!«, schimpft Kalle.

Doch zum Glück haben der Frosch und die Ringelnatter Zeit zu helfen. Und gemeinsam geht es ganz leicht! Hau ruck – einer auf den anderen. Dann kugelt Kalle das Ei ganz gemütlich ein Stockwerk höher.

»Au Backe!«, murmelt Kalle plötzlich. »Guckt mal, das Monster da!« Er meint eine riesige Spinne! Aber die interessiert sich gar nicht für die Freunde. Mit ihren Fäden klebt sie etwas an die Unterseite eines Blatts. Ein Ei! Und noch eins. Bis das Blatt in der Sonne nur so glitzert.

»Verzeihung, ist das hier vielleicht deins?« Pepe zeigt der Spinne das bunte Ei.
Doch auch sie hat so eins noch nie gesehen.
»Ihr müsst noch ein wenig weiter rauf. Von dort oben seht ihr alles – die ganze weite Welt!«, rät die Spinne.

»Noch mehr Welt?« Kalle bleibt der Mund offen stehen.
Seine klitzekleine Käferwelt war ihm bisher eigentlich groß genug.
»Hm, wenn wir schon mal unterwegs sind ...«, sagt Lilly.

Also hangeln sich die Freunde an einer großen Hyazinthe hinauf und legen das Ei in ihre Blüten.
»Boah«, schnaubt Kalle. »Was für ’n Abenteuer!«
Pepe lugt über den Rand herunter. »Potzblitz! Wie winzig die alle sind.«
»Und wir riesengroß!«, jubelt Lilly. Aber dann seufzt sie leise.
»Was, wenn wir den Besitzer nie finden?«

»Alsscho, mein Ei ischt dasch jödenfalsch nüscht!«, summt da die Wildbiene. Ihr Rüssel ist voll süßem Nektar.
Auch die Libelle, die sich gerade ihre Flügel putzt, hat das Ei noch nie gesehen. Sie deutet auf einen Punkt ganz weit in der Ferne.
»Meine Eier liegen dort drüben, am Rand des Tümpels.«

»He! Guckt mal!«, flüstert Kalle da.
Von einem Veilchen kommt ein großer Schmetterling angeflattert – und der ist genauso bunt wie das Ei!
»Guten Tag! Sicherlich gehört dir das Ei, richtig?«, fragt Pepe.
Kalle macht vor Begeisterung einen Freudenhüpfer – und rutscht dabei fast vom Blatt. Pepe erwischt ihn gerade noch am Schlafittchen.
Doch der Schmetterling kann nur den Kopf schütteln:
»Noch nie gesehen, so ein verrücktes Ei!«

Da wissen die Freunde endgültig nicht mehr weiter. Traurig und ratlos klettern sie zurück nach unten.
»Jetzt haben wir aber wirklich überall gefragt«, sagt Pepe. »Noch weiter können wir nicht von zu Hause weg.«
Kalle nickt. »Mir zwickt schon das Heimweh im großen Zeh!«
»Alles umsonst«, schnieft Lilly.
»Wir haben es zumindest versucht.« Pepe seufzt und verpasst dem Ei einen kleinen Stups.

Und da – beginnt es zu rollen. Lilly versucht das Ei
aufzuhalten, aber es ist viel zu schnell!

Das Ei kugelt durch die Wiese, vorbei an Buschwindröschen, Krokussen und Schlüsselblumen. »Schnell! Hinterher!«, quietscht Kalle und die Freunde sausen los. – »Nicht dass es kaputtgeht!«, warnt Lilly. – »Haltet es!«, ruft Pepe. Und da machen alle Tiere ringsherum mit bei der Verfolgungsjagd. Die Tausendfüßlerdame, der Schmetterling, die Ringelnatter und der Frosch. Die Uferschnepfe, die Spinne, die Wildbiene und die Libelle. Nur die Schnecke braucht mal wieder etwas länger. Das Ei wird schneller und schneller und kullert immer weiter, die ganze Wiese entlang.

Und auf einmal – rumms – kracht es! Das Ei ist mit voller Wucht gegen einen Stein gerollt! Alle raunen erschrocken auf.

Aber dann seufzt Kalle erleichtert. »Guckt mal, es ist gar nicht kaputt!«
»So ein Glück!«, ruft Pepe. »Und wenn das Ei einfach niemandem gehört?«
Lilly nickt: »Vielleicht ist es nur für uns da – damit wir von zu Hause losziehen und ein tolles Abenteuer erleben!«
»Und dabei ganz viele neue Freunde finden«, fügt Kalle hinzu und lächelt zufrieden.

Und weil die neuen Freunde jetzt schon mal alle da sind, wird natürlich auch zusammen gefeiert. Ein kunterbuntes Frühlingsfest – mit einem kunterbunten Wunder-Ei für echte Abenteurer!

Ein wilde Wiese wie die, auf der Pepe, Lilly und Kalle leben, ist nicht nur ein toller Platz für Abenteuer. Sie ist auch ein wichtiger Lebensraum für viele, viele Tiere. Für Vögel und Frösche, Heuschrecken und Spinnen. Für unzählige Käfer, Mücken, Blütenbesucher und natürlich auch für Säugetiere wie Mäuse und Maulwürfe. Leider gibt es solche Wiesen heutzutage nur noch selten. In der industriellen Landwirtschaft wird viel zu viel gedüngt und damit kommen die meisten Wildkräuter nicht zurecht. Und je weniger Pflanzen es gibt, desto weniger Tiere können dort leben. Außerdem werden immer mehr Wiesen zu Äckern umgepflügt. Umso wichtiger, dass wir ganz genau hinsehen und uns bewusst machen, wie einzigartig und kunterbunt so eine Wiese ist!

Jede Wiese ist in verschiedenen Stockwerken aufgebaut. Wie ein Haus.